根据教育部等十一部门《加强中小学生欺凌综合治理方案》编写

初中版

中小学欺凌和暴力防治教育

徐卿◎主编

人民出版社

责任编辑：于　静
封面设计：君阅书装

图书在版编目（CIP）数据

中小学欺凌和暴力防治教育：初中版/徐卿主编. —北京:人民出版社, 2019
ISBN 978-7-01-020367-6

Ⅰ. ①中… Ⅱ. ①徐… Ⅲ. ①校园－暴力行为－预防－初中－课外读物 Ⅳ. ①G634.203

中国版本图书馆CIP数据核字（2019）第023939号

中小学欺凌和暴力防治教育

（初中版）

ZHONGXIAOXUE QILING HE BAOLI FANGZHI JIAOYU

徐　卿　主编

人民出版社　出版发行

（100706　北京市东城区隆福寺街 99 号）

天津创盈印刷有限公司印刷　新华书店经销

2019 年 1 月第 1 版　2024 年 4 月第 8 次印刷
开本：710 毫米 ×1000 毫米　1/16　印张：5　字数：75 千字
ISBN 978-7-01-020367-6　定价：16.00 元

邮购地址 100706　北京市东城区隆福寺街 99 号
人民东方图书销售中心　电话（010）85924738

中学时代是一个人成长的重要时期，每个人都应珍惜自己在校园里的美好时光，让自己在青春期健康快乐地成长。对于学生而言，学校本应是最安全、最阳光的地方，然而近来频频发生的校园欺凌和暴力事件，让很多孩子对校园生活产生了畏惧。这对重视感情、期待有个美好未来的中学生而言，是一道难以抚平的伤疤，对家庭、学校、社会而言，也是一种不稳定因素。因此，加强中学生欺凌和暴力综合治理事关中学生的身心健康和全面发展，事关家庭的幸福和社会的和谐稳定，事关中华民族的未来和伟大复兴，意义重大。

为有效防治中小学生欺凌和暴力，国务院教育督导委员会办公室印发了《关于开展校园欺凌专项治理的通知》，教育部等九部门联合印发了《关于防治中小学生欺凌和暴力的指导意见》，教育部等十一部门联合印发了《加强中小学生欺凌综合治理方案》。依据这一系列文件，我们编写了这套《中小学欺凌和暴力防治教育》读本。

本册为初中版，针对初中生的心理特点，本书提出了一系列合理化建议，以帮助初中生在青春期成长的道路上找到正确的方向，使他们远离校园欺凌和暴力的危害。

本书分为五个主题。第一个主题，认识校园欺凌和暴力，主要介绍了校园欺凌和暴力的含义、类别、形式与危害等，帮助青少年学生对校园欺凌和暴力形成全面而客观的认识。第二个主题，欺负他人，伤害自己，主要从欺凌行为实施者的角度入手，介绍了欺凌行为实施者的特征、可能会受到的伤害和纠正的措施。第三个主题，武装自己，拒绝欺凌和暴力，讲述了青少年为什么会成为被欺凌者、受他人欺凌带来的危害、如何避免受欺凌等问题。第四个主题，校园欺凌和暴力，没有旁观者，介绍了旁观者在面对欺凌事件时的正确做法。第五个主题，反对欺凌和暴力，整个社会在行动，介绍了学生的保护者即家长、教师、学校和社会对青少年的保护措施，以鼓励青少年在必要时借助外界力量保护自己。

中小学校园欺凌和暴力的防治，是一个需要不断尝试、探索的工作，还有很长的路要走，希望我们的读本，能对此有所促进。虽然我们希望将其中的重要内容都准确而全面地展现给同学们，但限于我们的水平和能力，我们所做的，肯定是挂一漏万。希望广大教师、家长和同学们不断提出宝贵意见，供我们以后修订时改进。

目录 MuLu

主题一

认识校园欺凌和暴力

近几年，我国一些地区的校园里欺凌和暴力事件时有发生，对青少年学生的身心健康造成了巨大的伤害。为保证青少年身心的健康成长，我们应充分认识什么是校园欺凌和暴力，校园欺凌和暴力都有哪些表现形式和危害。对此有了深入了解，我们就能准确识别校园欺凌和暴力，使自己免受其害。

校园欺凌和暴力危害大

引导小课堂

初中阶段是人生成长的一个重要阶段。这个年纪的青少年正处在叛逆期，所以在初中生当中经常会出现校园欺凌和暴力事件。这些欺凌和暴力行为会导致学生心灵受伤、性格扭曲，给学生的成长留下伤疤，让他们难以释怀。如果欺凌和暴力严重，造成的危害更不堪设想。作为初中生，我们必须深刻认识校园欺凌和暴力的巨大危害，努力避免这些事件的发生。

经典小案例

案例一

小强刚刚升入初中，他个子矮小，性格懦弱。因为是寄

宿生，所以小强父母给他的零花钱比较多。这一切都被同小区的初三学生小明看在眼里。于是，小明经常找借口带小强出去玩，每次出去都要小强出钱。小强也曾试图拒绝过，但是拒绝带来的往往是小明的拳打脚踢。小明一边欺负小强，一边在嘴里嘀咕着："哼，这就是你不听话的后果，不给我钱？好啊，那就和我决斗，等到你能打得过我的时候，我也可以给你钱。"说完就哈哈大笑了起来。

案例二

鑫鑫是个性格内向的女孩儿，平时不怎么与人交流。红红性格强势，周围总是有几个调皮的孩子围着她，这群孩子都想和她成为好朋友。红红和鑫鑫是同班同学，但她非常看不惯鑫鑫，觉得她沉默寡言，惹人讨厌。因为这个原因，红红总是联合其他同学欺负鑫鑫，孤立她。

一次，鑫鑫正在教室里写作业，红红喊来其他同学在她周围说话，而且说话的内容还总是针对鑫鑫，有两位同学还不时地推搡着鑫鑫。见鑫鑫和同桌相处得还不错，红红就对她说："你有什么资格有朋友，看看你那副衰样儿，谁和你在一起谁倒霉，也不照照镜子。"她说这话的同时，用威胁的眼神看着鑫鑫同桌。自此之后，鑫鑫的同桌也开始疏远她，慢慢地，两个人也不再说话，不再沟通了。从此鑫鑫变得更加不爱说话了，她觉得同学不理她，是她自己的原因，为此学习成绩也一落千丈。

讨论与互动

案例一中小明以大欺小，向低年级的小强勒索钱财，并在小强拒绝的时候施以暴力，这种行为属于暴力欺凌。案例二中的红红对同班的鑫鑫施以语言上的攻击，并联合其他同学孤立鑫鑫，这也属于校园欺凌现象。除以上情况外，校园欺凌和暴力的实施者还会通过网络、视频等方式将被欺凌者被欺凌的过程予以扩散。作为初中生的我们对此要有充分的认识，这样才能知道如何应对，从而有效地避免欺凌和暴力再次上演。

知识大本营

校园欺凌是指发生在校园内外、学生之间，一方（个体或群体）单次或多次蓄意或恶意通过肢体、语言及网络等手段实施欺负、侮辱，造成另一方（个体或群体）身体伤害、财产损失或精神损害等的事件。暴力欺凌手段更甚，后果就更严重，会对被欺凌者的身心造成严重的伤害。

校园欺凌和暴力的五个要素：

1. 行为的实施者和承受者为在校学生，但事件发生地点不局限于校内，也有可能发生在校外。

2. 行为的实施者为强势群体，其实力要大于甚至远远大于被欺凌者。

3. 带有侮辱性的攻击，指攻击对方的身体或运用语言、冷暴力等方式对被欺凌者进行威胁或孤立。

4. 主观上存在故意，即行为的实施者蓄意或者恶意攻击被欺凌者。

5. 行为造成了伤害后果，指行为的实施者对被欺凌者的身体、心理造成伤害，或者造成其财产损失。

对于校园欺凌和暴力，作为初中生，我们要有一个清晰的认识，以保护自己免受其害。

思维大考验

作为初中生，在日常生活和学习中，你遇到过校园欺凌或暴力吗？遇到这种情况你该如何处理？

2 欺凌不是简单的打闹嬉戏

引导小课堂

很多同学没有对真正的校园欺凌、暴力和普通的玩闹产生清晰的认识，认为二者难以区分，以至于有些人将打闹当成欺凌来处理，还有的同学则将欺凌和暴力当做是一场游戏，不予重视，最后引来不必要的麻烦。那么我们该如何区分校园欺凌和打闹嬉戏呢？

经典小案例

案例一

小亮从小爱说话、爱对他人进行评论，升入初中后，性格还像从前一样，但这种秉性使他在不知不觉中得罪了一些同学。一天，他看到一位高年级的学生穿着一身怪异的衣服，于是他毫无顾忌地对这个学生进行了一番调侃。这个高年级的学生等他说完之后，回复了一句："你等着。"随后就走了。

第二天下午，小亮在放学回家的路上又遇到了那位高年级的学生，他身边还有几个穿着也很古怪的同学。小亮一出校门，他们就将他带到了一个僻静的地方进行辱骂，同时，他们还推搡小亮的身体，接着就是一番拳打脚踢，他们边打边说："嗨，小子，看你那副穷酸样儿，还敢嘲笑我们？"自此之后，小亮每隔一段时间就会被这几个人打一顿。

案例二

玲玲和晶晶都是初二学生，住在同一宿舍。玲玲的学习成绩一直都很好，这便招来了晶晶的嫉妒。于是，晶晶喊来了其他班级的几个好朋友到宿舍欺负玲玲。当时玲玲正在看书，晶晶在旁边说："不要看了，出去吧，没看到我朋友来了吗？"玲玲开始认为晶晶是同自己开玩笑，晶晶多次重复后，玲玲觉得很委屈，心想：这是我的宿舍，为什么要让我出去？于是，玲玲果断地拒绝了晶晶。晶晶生气了，使劲往外面推玲玲，玲玲不出去，晶晶便让她的朋友们一起往外赶玲玲。她们中有人拽着玲玲的胳膊，有人拽着玲玲的头发，还有人负责拍照，并将玲玲的窘态发布到网上。照片在网上散布很广，很多同学看到后都会对玲玲指指点点。这件事一直影响着玲玲的心情，她的自尊心受到了伤害，学习成绩也一落千丈。

讨论与互动

上述案例揭示了校园欺凌的两种表现方式，一种是传统的针对青少年身体的欺凌，一种是在此基础上运用网络等新形式的欺凌。除此之外，校园欺凌和暴力的表现形式还有言语欺凌、社交欺凌、财物欺凌和性欺凌，更为严重的是，欺凌行为实施者还会对被欺凌者施以暴力。

可能有的同学会认为，校园欺凌和暴力只会发生在男生之间。但是现实并非如此，校园里的一些女生之间也经常会发生欺凌和暴力事件。男同学之间的欺凌和暴力一般都会采用踢、推、打等暴力手段，这样容易给被欺凌者留下明显的伤疤。女同学之间的欺凌虽也会表现在动作上，但更为常见的是言语上的伤害，欺凌行为实施者会联合其他同学去孤立一个人。无论是男生，还是女生，欺凌和暴力都是不容忽视的问题。

在同学们相处的过程中，如果有欺凌、暴力事件发生，无论多么隐密，都会有所体现，接下来，我们来具体介绍一下欺凌和暴力的表现方式。

知识大本营

身体欺凌，显而易见，这种欺凌方式是指欺凌行为实施者对被欺凌者的身体进行直接攻击，使被欺凌者的身体遭遇不同程度的伤害。欺凌行为实施者一般会采用推搡、踢打、咬等方式来伤害被欺凌者的身体。

网络欺凌是指欺凌行为实施者将欺凌的整个过程以视频、图片或文字的形式上传到微博、微信、QQ 等社交软件，使被欺凌者受到更大伤害的方式。现今，网络科技发达，一些思想不成熟的未成年人利用网络平台，将欺凌、暴力事件发布在网上，这就大大增加了这些事件的传播范围。

这样的消息一旦传播开来，对遭受欺凌者而言又是一次伤害。

言语欺凌，指欺凌行为实施者用一些难听的语言来刺激被欺凌者，使被欺凌者的心理受到伤害。这种欺凌形式容易发生，但不易发现。言语欺凌最常见的方式有行为实施者辱骂、嘲笑被欺凌者或散布与被欺凌者有关的谣言等。

社交欺凌，指欺凌行为实施者集合身边的同学孤立被欺凌者的表现，这种欺凌方式的实施者一般不会和被欺凌者发生正面冲突，而只会和其他同学组成一个群体，排挤被欺凌者。

财物欺凌，指欺凌行为实施者通过毁坏或掠夺被欺凌者的财物来实施欺凌。他们或者直接毁坏被欺凌者的财物，以展现自己的强势，或者抢夺被欺凌者的财物并占为己有，以达到自己在物质上的满足。这种方式最终会造成被欺凌者的财物受损。

性欺凌，指欺凌行为实施者用侮辱性的言语或动作对被欺凌者进行关于性方面的侵犯。有时，他们还会通过其他方式传播这一过程，使被欺凌者陷入恐慌，羞愧难当，精神备受打击，被欺凌者在无助时极容易走向极端。关于性欺凌存在一个误区，一些未成年人认为性欺凌仅仅针对女同学，其实这在男同学之间也存在。所以，青少年对于这个问题，一定要高度重视，在任何时候、任何情况下都要学会保护自己。

思维大考验

同学们，在你学习和生活的校园里，是否也存在这种现象：一群同学聚在一起学习、玩耍，不远处，有个孤独的身影，聚在一起的同学们说："我们大家在一起，不要和那位同学玩，不要理他。"如果碰到类似的情况，你以后想怎么做？

3 精准识别欺凌和暴力

引导小课堂

初中生在学校里整日和同学们生活在一起，难免会产生矛盾，这些矛盾和校园欺凌、暴力的界限有时很不明确，有的学生认为同学之间相互的打闹也属于校园欺凌，这种观点正确吗？该如何来判定初中生的欺凌、暴力？初中生的玩耍、打闹和欺凌、暴力又存在哪些区别呢？本节课我们将一一解答。

经典小案例

案例

张铎和郭毅是初三学生，他们在一个班，也是同桌。他们两个人平时是很要好的朋友，经常在一起玩。一次，张铎和郭毅在操场玩耍的时候，张铎不小心弄伤了郭毅。郭毅的父母心疼自己的孩子，于是找到张铎，说他对自己的孩子进行了欺凌。张铎的父

母赶紧赔礼道歉，但郭毅的父母就是得理不饶人，还说张铎和他的父母一点也不诚心，完全不重视这件事。为此，他们还跑到学校讨要说法，学校解释说这件事并不属于校园欺凌，但郭毅父母还是不肯罢休，他们的这一行为让所有人都很无奈。

讨论与互动

案例中学生之间的矛盾既不属于校园欺凌，又不属于校园暴力，仅仅是两个人的相互打闹，他们并非有意要去伤害谁。在遇到这种情况时，作为青少年一定要有宽容之心，自己能处理的情况下，尽量不要将事情扩大化，以免为双方带来不必要的麻烦。

知识大本营

人与人相处，难免会产生分歧与隔阂，更何况是正处于性格塑造时期的初中生。同学们彼此之间生活、学习习惯的不同或是性格的差异，都可能会带来矛盾。这些矛盾在不同人身上往往表现不同，有的人会将所有事都闷在心里，不想说出来，也有的人善于宣泄自己的情绪，愿意主动说出来。不管是上述哪种形式，他们都不会采用暴力和欺凌的方式来报复对方，不愿为对方带去身体、心理上的伤害和财物上的损失。这种可在短时间内消除，

并无主观恶意的矛盾，一般难以归入校园欺凌和暴力的范畴。

同时，青少年学生活泼好动，经常会参加一些集体活动，在玩闹嬉戏的过程中很容易发生磕碰，严重的甚至还会流血受伤。这种情况中，参与游戏的双方的初衷只是游戏打闹，并非是刻意要去伤害对方，所以，这种行为也不属于校园欺凌和暴力。这种伤害发生的概率很低，具有偶然性，并不存在不间断和反复的攻击。

与以上两种情况相比，校园欺凌的一个重要特点就在于欺凌行为实施者存在主观恶意，其实施这一行为的目的就是让对方经历痛苦，为对方带去身体上和精神上的伤害，或者是财物上的损失，以实现自我精神和物质的满足。而被欺凌者与之相比明显处于弱势，他们在现实中长期处于恐慌，难以摆脱困境，甚至会出现经常做噩梦、烦躁不安的情况，以至于无心学习，严重者还会导致厌学或辍学。校园暴力对被欺凌者的伤害程度要更深一些，它不仅会导致被欺凌者受伤，有时甚至会导致其死亡。

从以上介绍可以看出，初中生间的打闹嬉戏、语言上的相互调侃，如果当事双方处于平等地位，且不存在主观恶意，行为不存在反复性，而且也隶属学校的监管范围，那么这种行为就不属于校园欺凌和暴力行为。

初中生面对欺凌，不可一味地忍气吞声，如果在遭受威胁之后因害怕被报复，而向家长和老师隐瞒遭受欺凌和暴力的事实，那就是在纵容欺凌行为实施者，这只会助长他们的嚣张气焰，让他们一次次地加深欺凌程度。与之相反，对于同学与同学之间因矛盾或打闹造成的轻微伤害，我们则不必斤斤计较。在与他人产生矛盾的时候，主动沟通，消除彼此的顾虑，才能避免双方陷入尴尬的境地。

思维大考验

初中生受到校园欺凌和暴力后，根据受伤程度不同，可分为轻微伤、轻伤和重伤，现在，我们已经学习了如何来界定校园欺凌和暴力，那么，我们又该如何鉴定轻微伤、轻伤和重伤呢？回顾自己所掌握的知识，或去书店和网站查阅一些资料，总结其要点，并用自己的话表述出来。

4 欺凌行为实施者与被欺凌者都是受害者

引导小课堂

校园欺凌和暴力，受伤害最严重的是被欺凌的学生，他们在受到欺凌后，身体的伤害虽可慢慢愈合，但心理伤害却可能会伴随一生。欺凌和暴力，表面上看似乎是欺凌行为实施者占了上风，但实际上，他们也是受害者，因为长期对他人实施欺凌和暴力也会造成他们性格上的扭曲，长此以往，他们的思想很可能会走向堕落，这势必会影响其未来的发展。

经典小案例

案例

张晓平时喜欢上网，升入初中后因为寄宿在校，脱离了

父母的掌控，因此常溜出学校，到网吧上网。每次去网吧，他都要叫上和他很要好的几个朋友。他们一起在网上打游戏、看视频，进行各种娱乐活动。有一段时间，他沉迷于网络暴力游戏。父母知道之后，开始限制他的零花钱。无经济来源的张晓开始想办法，他想着该从哪里弄来钱打游戏呢？

星期天中午，他和几个朋友在街上逛街时看到路上有几个小学生，他们手里拿着零花钱正要去超市，当时，张晓就想，他们手里的钱怎么才能变成自己的呢？他和朋友商量过之后觉得可以把这几个孩子的钱抢过来。孩子们见了高年级的大哥哥很害怕，就乖乖地把钱给了他们，同时张晓他们还威胁孩子们，不让他们将这件事泄露出去。

慢慢地，张晓他们开始肆无忌惮地向其他孩子要钱。不过世上没有不透风的墙，渐渐地，孩子们的家长都知道了张晓他们的行为，他们曾多次找张晓的父母反映这件事，也找到张晓所在的学校，这样一来，校方也知道了他们的行为，并对他们进行了批评教育。张晓知道自己的所作所为已败露，开始时他还会觉得丢人，后来干脆破罐子破摔，让自己继续坏下去了，直到警察找上他……

讨论与互动

案例中揭示了校园欺凌和暴力对被欺凌者和欺凌者的双重危害。我们都知道校园欺凌和暴力会给被欺凌者造成难以愈合的伤害，却忽视了欺凌行为实施者的行为对自己的伤害。他们正处在青春期，人生观、价值观尚未成熟，如果由此养成暴力性格或形成不劳而获的思想，那将会贻害终生。

欺凌和暴力不仅仅会对欺凌者和被欺凌者造成伤害，当周围有围观者参与时，他们也会受到一定的影响。当暴力行为严重过分时，还可能将危害升级，影响到家庭、学校乃至整个社会。

知识大本营

校园欺凌和暴力对被欺凌者的危害：被欺凌者首先会直接受到身体伤害，如果欺凌行为不针对身体，只存在语言上，则易使之产生消极情绪。受到欺凌的未成年人原本就缺乏自信心，在遭受欺凌后，他们可能会产生自我怀疑，认为自己之所以成为被欺凌者完全是自己的问题，从而变得更加自卑。同时，他对身边的人也会产生怀疑，不再相信任何人。被欺凌者思想上的自卑和敏感有时也会引发身体的不适，如肚子疼、头痛等症状。有时，被欺凌者还会萌生欺凌他人的想法，他们为宣泄自己的情绪，可能会变得不遵守校规，不听父母劝告，甚至去寻找比自己弱小的群体来欺凌。欺凌和暴力对被欺凌者的伤害极有可能会影响到他们的一生。

校园欺凌和暴力对欺凌行为实施者的危害：欺凌行为实施者一旦得逞，就很容易增长嚣张气焰，觉得自己威武霸气。殊不知这样的行为也会给自己带来负面影响，周围的同学会认为他们是异类，远离他们，不愿意和他们交往，久而久之，他们的身边没

有值得信赖的人，很容易形成孤僻的性格。诸多事例显示，有欺凌和暴力倾向的学生长大之后很有可能会染上一些不良习惯，如酗酒、吸毒等，最终走上违法犯罪的道路。校园欺凌和暴力与违法犯罪仅有一步之遥，如果一直纵容自己胡作非为，最终必然会受到法律的制裁。

欺凌和暴力对围观者的危害：围观者在围观欺凌和暴力的过程中，如果出于正义去帮助被欺凌者，一种可能就是削减欺凌者的嚣张气焰，让他们知难而退；还有一种可能是为自己带来不必要的麻烦，引来欺凌者的打击报复，最终使自己成为被欺凌的对象。有的围观者因为害怕，也会偏向欺凌行为实施者一方，和他们一起来对付被欺凌者。作为围观者，不管是最终偏向欺凌者还是被欺凌者，都可能会给自己的身心带来负面影响。

欺凌和暴力对家庭、学校和社会的危害：孩子都是父母的掌中宝，孩子受了委屈，父母自然会讨回公道。有的家长会找到欺凌者一方的家长讨要说法，或者找到校方进行理论，慢慢地孩子之间的矛盾就可能会升级为两个家庭之间的矛盾，到最后还可能升级为社会矛盾。

思维大考验

星期天，小乐在去书店的路上看到了一个高年级的学生正在欺负一个低年级的学生，当时天寒地冻，那位高年级学生强制低年级的学生将外套脱下来，还将地上的雪放在他的衣服里。如果你是小乐，请说说你看到这种情景后，在保证自己安全的前提下你会怎么做。

主题二

欺负他人，伤害自己

人性本善，校园欺凌和暴力行为的实施者成为校园一霸也并非是天性使然，他们成为欺凌者的原因有很多种。这一章，我们将寻找中学生成为欺凌者的根源，以及他们的行为为自己带来的危害，以便帮助欺凌和暴力行为实施者及时改正，同时也可避免更多人步他们的后尘。如果现在存在欺凌和暴力倾向和行为的同学知错能改，普通同学能够防患于未然，避免自己发展成为暴力和欺凌行为实施者，那么校园必然会更为和谐友爱。

1 谁催生了孩子的戾气

谁都不是天生的暴虐狂，欺凌行为实施者的恶意攻击行为也不是与生俱来的。他们之所以成为欺凌者，原因多种多样，生长环境是其中最为重要的一个。生长环境对个人性格和习惯的养成起着至关重要的作用，可以说，一个人生活在什么样的环境中，就会受到什么样的影响。对于正处于身心发育中的中学生而言，更是如此，如果生活环境恶劣，极易导致他们心理发育扭曲，诱发校园欺凌和暴力行为。

案例

小琴的成绩一直都不是很理想，但父母对她的期望却很高，他们在小琴的学习上下了很大功夫，为她请家教，每天陪读，但小琴的成绩就是提高不了。为此，父母对小琴非常失望，他们觉得自己对孩子已经尽到了责任，孩

子的成绩跟不上，就是她自己的问题。这之后，他们开始辱骂孩子，不顺心时，甚至还会暴打小琴。小琴在日记里写道：我不想有这样的父母，他们太不近人情了，总有一天，我要反抗。

现在的小琴一点都不想学习，她上网、打游戏，甚至整天和一些社会上的小混混在一起。当她想要发泄怒火的时候，就会在校园里故意找同学的茬，进而讥讽、辱骂他们，当对方进行反抗时，她会在校外联合其他人一起报复这个人。慢慢地，每次小琴在家里挨批或挨揍之后，都会将怒火发泄在学校里那些善良的同学身上。

讨论与互动

案例中的小琴之所以会从一名普通青少年演变为欺凌行为实施者，大部分原因是家庭的影响。中学生正处于性格塑造时期，家庭成员的暴力攻击行为会对其性格的养成产生直接影响。

对于中学生而言，家长是其成长路上的第一任老师，一个得不到良好的家庭教育，甚至长期遭受家庭暴力的中学生是难以与他人和平共处、协同合作的。如果家庭成员之间很少沟通，甚至经常产生家庭矛盾，则易导致青少年对身边的人或事没有耐心，久而久之可能会产生强烈的厌恶感，最后极有可能通过欺凌他人来泄愤。如果父母的控制欲较强，经常通过体罚来控制孩子，让其成为自己理想中的样子，那么，受此影响的中学生一般都会慢慢滋长不满的情绪，进而有暴力倾向，这样的中学生极有可能成为欺凌行为实施者。

知识大本营

中学时期是校园欺凌和暴力的高发期。青少年在中学时期，生理、心理、情感等都会发生一系列变化，这些变化受很多因素影响。青少年变得暴力乖张，除家庭暴力因素外，还有其他一些原因，具体如下：

家人过分宠爱的结果。现在，很多孩子在家里都过着“小皇帝”“小公主”般的生活，家长们的关爱织成了一张厚重而温柔的网，呵护起孩子的一切，遮挡住孩子可能遭受的挫折和坎坷。有些孩子甚至已成为家庭这个王国里的国王，可以左右家庭一切活动，他们的要求，无论是对是错，多数情况下都会获得满足。家长这种无条件的付出，在孩子们看来成为理所当然的事，久而久之，他们就会形成唯我独尊、别人必须听从于我的思想。当孩子们的心中充斥着以自我为中心的意识之后，一旦有人不服从他们的心意，他们就会产生一种错觉，仿佛对方是故意与他们作对，这种情况下，他们很容易恼羞成怒，愤然出击，以维护自己的“尊严”。

周边朋友的影响。进入中学之后，青少年的交往重心逐渐由家庭转向学校，他们有了更多新朋友，与同学相处的时间也变得更长。特别是那些寄宿在学校的学生，他们几乎日日和同学们在一起，必然互相影响很深。由于青少年还没有形成稳定的世界观、人生观、价值观，如果稍有不慎，误交损友，那么很可能会受到这些所谓的朋友的蛊惑，激起内心的罪恶，随之走入歧途。

游戏、文学作品、影视作品等的影响。与书本的说教相比，游戏、文学作品、影视作品等呈现形式更为鲜活，它们在很大程度上影响甚至左右了青少年的道德和价值评判。暴力游戏里的快意杀戮、灰色文学里的惊险刺激、港台影视里的黑社会英雄……很容易在青少年心底播种下对邪恶的认同和膜拜。这种建立在非理性基础上的认同和膜拜，使得暴力成为他们处理问题的唯一途径，在待人接物的过程中，总有一种对主流社会的反叛和仇视如影随形。一旦他们觉得自己受到了挑衅或者威胁，就可能会采用自己从游戏、文学作品、影视作品里学来的极端的手段来对待他人。

受强势者的胁迫。有些孩子性格相对比较软弱，对于强势者的命令难以反抗，当那些性格强势的人胁迫他们去孤立、欺凌其他人时，为了不将自己变成被欺凌者，他们很可能会遵从强势者的“命令”。有时，为了避免自己被欺凌，他们甚至会主动巴结讨好强势者。

青少年自身心理不健全。有些青少年个性偏狭、自私冷酷，在处理问题时往往会率性而为，并不能通过理性和规范来约束自己的行为。这种遇事只考虑自身利益、漠视他人存在的偏狭性格，很容易引发校园欺凌和暴力。

思维大考验

判断以下初中生的欺凌行为是由哪种原因造成的？

一位强势的初中女生想要联合周围的同学去孤立另一位女生，为了不被孤立，很多人融入她的队伍。

2 欺负别人的同时你也在自我伤害

引导小课堂

欺凌行为实施者实施欺凌和暴力行为，仅仅只能获得短暂的快乐，这种行为并不能为他们带来长久的利益，甚至还可能会制约他们未来的发展。学习的目的是拥有一个锦绣前程。如果在这段黄金时期，选择安逸，选择恃强凌弱，不仅不能给自己带来什么收获，相反还会使我们的未来陷入迷茫。

经典小案例

案例

从小，姗姗的脾气就很暴躁。现今，升入初中的她脾气不但没有缓和，反而越来越严重了。为此，她的烦心事也越来越多。她觉得自己身边都是些不如意的事，都是些不入眼的人。为了消除烦恼，她开始寻找与她同病相怜的人，她们一起逃课、逛街、酗酒，吃饱喝足之后，就会在学校附近寻找欺凌对象。

一天，有个女同学走在放学的路上，姗姗和她的朋友们恰好经过这里。看到这位女同学，姗姗突然想到上次考试的事，当时，她们俩挨在一起，她给这位女同学暗号，让她给自己传答案，这位女同学当时就拒绝了她，最后，因为考试不及格，姗姗受到了老师的批评。一直以来，姗姗都对此耿耿于怀，今天，她终于有了报仇的机会。姗姗和她的朋友们说明了情况，朋友们为了帮她出气，当时就拦住了那位女同学，对女同学进行了殴打。

很快，这件事在学校里传播开来，学校里的很多人都会用异样的眼神看着姗姗。当看到同学们在自己背后窃窃私语时，姗姗就觉得他们是在讨论自己，为此，她更加厌烦，晚上难以入眠，为了让自己入睡，她经常要吃安眠药。

讨论与互动

案例中的姗姗本身具有暴力倾向，她排解情绪的方式除了对他人实施欺凌外，还不停地折磨自己，酗酒、滥用药品，这都会损害她的身体，而一味地欺凌他人，更会让自己孤立无援，到最后没有朋友，让自己陷入忧郁。

知识大本营

凡事有因必有果，作为一名中学生，做好事，成为一个好榜样，必定会受到他人的称赞，如果成为了众人眼中的坏孩子，就会给自己带来负面影响。在校园欺凌和暴力中，欺凌行为实施者看似占了上风，事实上却是在将自己一步步推向深渊，如果不及时改正，将没有回头的余地。

初中生实施欺凌和暴力，首先影响到的是学习。校园里那些喜欢实施欺凌和暴力行为的人，很难将心思放在学习上。学生不以学习为主，没有良好的成绩，在走向社会后很难掌握一技之长，这必将会影响到未来的发展。

其次，欺凌行为实施者以恶意伤害他人，很容易导致他人疏远自己。一般很少有人能够与性格暴力、刻薄偏执的人和平共处，为了防止引火烧身，很多人都会躲避欺凌行为实施者。被其欺凌过的同学更会心存芥蒂，不愿与之成为知心朋友，这样，欺凌行为实施者将面临孤立无援的境地，朋友之间说说笑笑，快乐相处的时光，他们很难享受到。

再次，对他人实施了欺凌和暴力行为，很有可能会引来对方的打击报复，同学之间的矛盾不断升级、加深，自己也有可能成为受欺凌的一方。双方之间你来我往，很容易带来严重后果。

最后，为自己带来舆论压力。如今，网络的力量强大，舆论带来的负面效应也给人带来巨大冲击，如果欺凌者正在实施欺凌的画面被路人拍摄，并发布到网上，势必会引来广大网友的谴责，给自己带来巨大的精神压力，虽然这对于欺凌行为的实施者来说是自食其果，但难免会造成精神上的伤害。

思维大考验

初中生小雅认为，欺凌行为实施者威风凛凛，在欺负其他人的时候看起来很酷炫。她觉得成为了欺凌行为实施者，就不会再有人找自己的麻烦。作为欺凌行为实施者，处于优势的地位，不会给自己带来任何困扰，还能使每个人都听自己的，这样挺好的。你觉得小雅的这种想法对吗？如果你是她的朋友，你会怎么劝说她？

3 欺凌者最终会受到法律的惩罚

引导小课堂

校园欺凌和暴力行为的实施者大多数缺乏法律意识，且存在侥幸心理，他们觉得自己欺负别人，只是矛盾双方的私事，不会为自己带来任何麻烦。其实，有这种想法的学生是错误的。校园欺凌和暴力，被欺凌者受伤的同时，欺凌行为实施者也可能会遭受来自校规校纪或者法律的处罚。

经典小案例

案例

小霞和小兰住在一个宿舍里，她们两个人一向不和，小兰平时有些邋遢，小霞很讨厌她，便联合寝室的其他几名同学将小兰堵在了洗漱间，她们用凉水为小兰冲洗头部和脸部。两名同学将小兰按在地上，小霞从宿舍里拿来了脸盆，连续将几盆水浇在小兰身上，小霞边浇边说："你不爱干净，那我们帮你好了。"说完，她们笑了起来。事后，小兰将此事反映给学校，校方对小霞等人进行了严肃的批评教育，并对其作出记过处分。

讨论与互动

面对校园欺凌和暴力，切不可抱有侥幸心理，认为自己还小，不会受到惩罚。要知道，任何行为只要违反了规则、触犯了法律都应受到相应的处罚。案例中，小霞等人便被校方予以处分。有的未成年人可能会觉得："我还小，欺凌他人，没人敢追究我的责任。"这其实是一个误区，欺凌他人的学生如果不知悔改，继续犯错，那将会一步步迈向犯罪的深渊，最终受到法律的制裁。

知识大本营

随意欺凌他人的人，不但身边没有朋友，得不到老师和家长的青睐，还可能会受到学校的处罚，情节严重者，还会受到法律的制裁。

欺凌行为实施者受学校处分。一般学校都有自己的校规校纪，以规范师生的语言和行为。现在很多学校都设置了学生欺凌治理委员会，专门应对校园欺凌和暴力。在经调查认定学生实施了欺凌行为之后，学校可根据实际情况，对实施欺凌的学生开展批评、教育，并勒令其向被欺凌学生当面或书面道歉。对于那些反复发生的一般欺凌事件，学校有权给予实施欺凌的学生纪律处分，并将其表现记入学生综合素质评价，这些纪律处分包括警告、严重警告、记过、记大过等。

接受公安机关训诫。教育部等十一部门联合印发的《加强中小学生欺凌综合治理方案》规定，情节比较恶劣、对被欺凌学生

身体和心理造成明显伤害的严重欺凌事件，学校在对实施欺凌学生开展批评、教育的同时，可请公安机关参与警示教育或对实施欺凌学生予以训诫。

屡教不改或者情节恶劣的严重欺凌和暴力行为实施者，必要时可被送往工读学校进行矫治和接受教育。《中华人民共和国预防未成年人犯罪法》规定，对于发生多次拦截殴打他人或者强行索要他人财物、纠集他人结伙滋事并扰乱治安等严重不良行为的未成年人，其父母或者其他监护人和学校应当相互配合，采取措施严加管教，也可以送工读学校进行矫治和接受教育。工读学校除按照义务教育法的要求，在课程设置上与普通学校相同外，应当加强法制教育的内容，并针对未成年人严重不良行为产生的原因以及有严重不良行为的未成年人的心理特点，开展矫治工作。

虽然《中华人民共和国未成年人保护法》规定，对违法犯罪的未成年人，实行教育、感化、挽救的方针，坚持教育为主、惩罚为辅的原则，依法从轻、减轻或者免除处罚，但这也并不意味着未成年人就可在严重侵犯他人的权益之后逍遥法外，他们必须对自己的行为负责。

以上种种规定表明，青少年学生的欺凌和暴力行为并不会被社会无限度的纵容，如果他们不能及时改正，那么很可能会为之付出声誉、财物、自由等代价。因此，作为一名初中生，远离校园欺凌和暴力实乃明智之举。

思维大考验

根据以上的学习，说说初中生之间发生欺凌和暴力，欺凌者会受到什么样的惩罚。

4 只要肯悔改，没有人会放弃你

引导小课堂

人非圣贤孰能无过，知错能改善莫大焉。作为初中生，即使曾经有过欺凌他人的行为，如果能及时认识到自己的行为给他人和自己带来的不良影响，并想尽一切办法纠正自己的错误，努力改正，那么仍是值得肯定的。在改正自身错误后，如果还能帮助其他欺凌行为实施者改正自身的缺点和错误，更值得赞扬。

经典小案例

案例

小林的脾气原本非常暴躁，她经常在学校里欺负其他同学。今天和这位同学要点钱，明天和那位同学抢东西吃，后天又将一位同学心爱的东西据为己有……慢慢地，她发现自己非常孤独，没有人愿意搭理她，很多同学见了她都像见了瘟神似的，躲在一边。小林也感觉到了同学们对自己的态度，当她看到几位同学聚在一起有说有笑时，非常羡慕，她也想融入其中，但当她来到她们身旁时，所有人都自动散开了，她们中有的回到自己的座位上写作业，有的则走出教室去干其他的事，总之就是没有人愿意和她在一起。

小林见同学们对自己的态度一点都不好，很是郁闷。通过老师指点，她意识到了自己平时的做法是错误的，她想要改正自己的缺点。于是，她开始尝试静下心来，培养自己温和稳重的性格，为此她每天都去书店。她认真地看书，以此来安抚自己的情绪，时间一天天过去了，小林开始尝试再与其他同学沟通，她发现自己的脾气没那么暴躁了，同学们也觉得她变了，从此，都愿意和她相处了。

讨论与互动

青少年心思比较单纯，因此见到那些具有欺凌和暴力倾向或经常对他人实施欺凌和暴力行为的人会自动远离。如果欺凌者想要融入集体，就要先认识到自己的错误，本身具有了悔改之心，才能彻底改变自己的恶劣行为。任何人都没有权利去对其他人实施欺凌、侮辱和暴力，学会尊重身边的每个人，不以强凌弱，一切自然会向好的方向发展。

知识大本营

作为一名初中生，肆意欺凌他人，最终只会将自己陷入孤立无援的尴尬境地。为了走出困境，我们应该从以下几点做起：

要学会控制自己的情绪。实施欺凌和暴力行为的学生性格往往都比较暴躁，甚至会有暴力倾向，他们很多人都会因为一件微不足道的小事而产生巨大的情绪波动，进而寻找发泄的对象，对他人展开欺凌。因此，在面对问题时，我们需要学会控制自己的情绪，如果某一个点触发了自己的愤怒神经，我们首先要做的是将自己从当时的事件中抽离出来，离开当时的环境，找个可以调节自己情绪的地方，如书店或操场上，平复自己的心绪，以避免冲动行事，伤人伤己。

学会换位思考。孔子尝言“己所不欲，勿施于人”“己欲立而立人，己欲达而达人”。这就是说我们应该学会推己及人，自己不愿承受的事就不要强加在别人身上，我们自己想要做成某事，就要想到别人可能也想做成这件事。这就要求我们学会换位思考，倘若自己不想被孤立、被欺凌、被暴力针对，就不应该以这样的方式对待别人。

因此在准备实施欺凌和暴力行为之前，我们应该想一下被欺凌者的感受，想一想我们的行为可能会给他们带来怎样的伤害，也要想一想如果遭受欺凌和暴力的是我们自己，我们的家长会不会心疼、难过。尝试关注其他人的感受，自然会对自己的行为进行约束。

要学会承担责任。对他人实施欺凌和暴力行为，或多或少都会造成一定的伤害，在这个时候，实施欺凌的学生应该勇于对自己的欺凌行为负责，该赔礼道歉的就要赔礼道歉，该承担民事赔偿的也应说服自己的家长承担起赔偿责任。如果在对他人造成伤害后，还不知悔改，一味推卸责任，是一种不正确的行为。

多听听家长和老师的建议。很多实施欺凌和暴力行为的学生在事后都会为自己的行为感到后悔，他们也想改正，但苦于找不到正确的方向。这时，就应该多找家长和老师谈心，听一听他们的建议。在面对他们时，应向他们倾诉一下自己内心真实的想法，这有助于他们选择正确的引导方式。

远离给自己带来负面影响的人。初中校园中的人际关系比较简单，但每个人都有自己的性格，有的人可能热心助人，有的人可能喜欢恃强凌弱，而心地单纯的青少年又很容易受人影响，所谓近朱者赤近墨者黑，在不知不觉间，我们就可能会沾染上别人的习惯，从而与常交往的人趋同。因此，在校园里，我们应该远离那些喜欢恃强凌弱的人。同时，也应提高自己明辨是非的能力，自觉远离社会上的不良青年，以免给自己带来不良影响。

思维大考验

初中生小华的班上新来了一位同学，这位新同学以前的学校比较落后，因此他对很多事情的反应总是比别的同学慢半拍，为此，有几名在班里总爱捣乱的同学经常嘲讽讥笑他，还说他是“傻子”。一开始，小华也有些瞧不起这位新同学，有时见面还会恶语中伤他，后来小华父母知道了这件事，他们对她提出了严厉的批评。小华认识到了自己的错误，她想改正错误，并劝说其他同学不要再欺负新同学，但又不知道该从何做起。同学们，如果你是小华，你会怎样纠正自己的行为？谈谈你的想法。

主题三

武装自己，拒绝欺凌和暴力

人人生而平等，一些学生之所以会遭到他人冷落或受他人欺凌，甚至遭到同学的暴力对待，与他们本身也有一定关系。有的青少年因成绩不理想而受人嘲笑，有的青少年因性格懦弱而受人欺凌……在遭遇这些的时候，他们可能会因为自卑而不敢反抗，甚至会有人在遭遇欺凌和暴力后就一蹶不振。作为一名初中生，我们应该知道，这些都不是正确的处理方法，只有直面欺凌，自强不息，才能使自己免受伤害。

1 为什么那些坏蛋总欺负你

引导小课堂

初中生成为受欺凌对象的原因有很多，比如家庭教育的缺失、学校环境的混乱等。如果不能确定受欺凌原因，那么校园欺凌和暴力将会屡禁不止。只有准确找到受欺凌者成为弱势群体的原因，才能为他们提出有针对性的建议，帮助他们远离校园欺凌和暴力的伤害。下面，我们将要揭示的就是孩子成为被欺凌对象的根源所在。

经典小案例

案例

小倩的父母认为，父母应该严厉教育孩子，这样孩子今后才能有所作为，但他们却未掌握科学的方法，他们所谓的严厉就是打骂。现在，小倩已经上了初中，她以为

自己长大了，父母就不会再像从前一样对自己了。然而，事情并不像她想象的那样，父母非但没有放松对她的要求，反而对她更加严厉了，他们整天唠叨小倩，只要对她的表现稍不满意，就会打她。父母的教育方式让小倩无法忍受，她很自卑，总觉得自己很笨，什么事都做不好。长此以往，小倩的情绪极为低落，慢慢地，她将自己的郁闷心情带入了学校。看着整天提不起精神的小倩，有几个同学经常嘲笑她，说她是个呆子。受到同学嘲笑后，小倩变得更加低落，这就会再次招致父母的打骂和同学的嘲笑，如此恶性循环，小倩不知道自己的未来在哪里。一直以来，她都有一个愿望，她希望自己可以到一个新的环境中去，一个没有父母打骂和同学嘲笑的地方……

讨论与互动

案例中小倩受到同学欺凌的根本原因在于家庭。众所周知，父母是孩子的第一任老师，对孩子的教育起着关键作用。从上述案例也可以看出，家庭教育的方式直接关系到孩子的性格养成，决定了他们是否受到其他同学的欺凌。

知识大本营

被欺凌者有的高大，有的弱小，有的长相出众，有的相貌平平……总之，不管是什么人，都有可能成为被欺凌的目标，但这并不代表他们身上没有共性，校园欺凌和暴力实施者在寻找目标的时候，往往会选择以下人群：

胆小者。一些青少年因为身体原因或者是受家庭影响，性格比较懦弱，胆子也比较小，在进入初中这个新环境之后，适应比

较慢，暂时还不能融入新集体，朋友也比较少。这样的人便成为了大部分欺凌和暴力行为实施者选择的目标。因为他们认为胆小的人不敢反抗，在被自己欺负之后也不敢将被欺凌的事说出去，即便想说，由于胆小者平时不善与人交际，没有什么朋友，也就无处倾诉。这就给了那些恃强凌弱者一种错觉，就是欺负胆小者既能发泄自己的情绪，又不存在任何风险，这就促使他们变本加厉地对待胆小者，从而使胆小者愈加胆小。

自卑者。一些学生因为家庭经济条件不好或者是自身成绩较差等原因，会比较自卑，他们可能会觉得自己事事处处都比不上别人，整日自惭形秽，因而变得沉默寡言、唯唯诺诺。这在那些强势甚至存在一定暴力倾向的学生看来，也是非常合适的欺凌目标。

以上这两种学生，受到欺凌的概率相对而言更大，但这也并不代表其他同学就不会被针对，那些很优秀的学生也有可能会遭遇校园欺凌和暴力。比如，同学们在学校里虽然整日在一起学习，但每个人的家庭环境却各自不同，有的人家境较好，父母给的零花钱较多，这就可能会引来那些有欺凌和暴力倾向的学生的觊觎；有的同学因为外貌或者成绩比较出众或者平日里比较受老师和同学们喜欢，就可能会招致那些正处在叛逆期不那么受欢迎的学生的嫉妒……

因此，我们应该明白，遭受到同学的欺凌和暴力，虽然有一部分是我们自己的原因，但我们却不必为此产生自我怀疑，也不必为此自卑。因为不论是出于哪种原因，不论一个人多么弱小，别人都没有权利对他施以欺凌和暴力。

同时，我们也应该意识到，只有我们自己变得更优秀、更强大，才更有可能抵御他人的欺凌和暴力。为了避免再次遭受伤害，我们应该努力学习，积极上进，并且敞开心胸，拥抱生活，广交益友，成为一个自信勇敢、积极向上、乐观合群的人，如此，那些欺凌和暴力行为自然会离我们越来越远。

思维大考验

如果你的班级里有位同学来自于其他的国家，他的生活习惯与大家都不同，你应该如何和他相处？如果班级或学校里有人对他极尽嘲讽，甚至施以欺凌和暴力，你在保证自己安全的前提下，应该怎么去帮助他？

2 勇敢面对欺凌，不在阴影中生活

引导小课堂

有些学生在遭受校园欺凌和暴力后不敢告诉家长和老师，家长和老师不知道，自然也就帮不上忙。长期将被欺负的经历埋藏在心里，被欺凌者身体遭受的伤害虽可愈合，内心的伤痛却无法抚平，这就会给这些学生带来巨大的精神压力，很可能会留下终身都挥之不去的阴影。

经典小案例

案例

小米有个暴脾气的同桌，他总抄袭小米的作业，小米如果拒绝，他就会在放学回家的路上殴打小米，小米害怕被打，最后只能妥协，让他抄自己的作业。后来，同桌变本加厉，提出来让

小米帮自己写作业。小米怕同桌再打自己，只能同意了。因为害怕，小米长期忍受着同桌，始终都不敢说出来。有一次，因为本身作业较多，小米在写完自己的作业之后，已是疲惫不堪，因此在帮同桌做作业的过程中，不小心写错了几道题，导致同桌受到了老师批评。同桌对此很是不满，再次殴打了小米。这次，小米的妈妈发现了孩子身上的伤，便问她是怎么回事，小米怕妈妈担心，只告诉妈妈说是不小心摔伤的。从此，为了避免再挨同桌打，小米都会先帮他做完作业，再做自己的作业。这就导致小米经常睡得很晚或者无法完成自己的作业，多次招致了老师的批评。慢慢地，小米上课时已无法集中注意力听讲，一段时间后，小米的学习成绩也越来越差。

讨论与互动

由案例中小米的表现可知，被欺凌者受到的伤害并非短暂性的，这些痛苦的经历会不断加深，直至造成挥之不去的阴影，甚至有人会因此出现厌学、梦中惊厥等情况。如果不采取正确的方式解决，在未来很长的一段时间里，被欺凌的青少年的身心健康都会因此受损。

知识大本营

学生在中学阶段经历还比较少，并且很多受欺凌的学生本身就比较内向，因此在遭受校园欺凌和暴力之后，往往都会不知道如何应对，很多时候他们选择了忍气吞声。可是他们的沉默并不能换来欺凌和暴力实施者的感恩，他们一般只会觉得这些沉默寡言者好欺负，从而变本加厉地对待他们，这对被欺凌者而言，很可能会造成以下后果：

自卑抑郁。被欺凌者在遭受伤害之后，内心充满了不安全感，他们不敢将内心的烦闷告诉他人，只能任由这些抑郁焦虑等不良情绪困扰自己。如果长期被欺凌和暴力困扰，他们可能会产生严重的自我怀疑，认为自己“不行”“不够好”。这种无意识的自我否定，导致他们很难产生自信，孤独、自卑、人际交往障碍等随之产生，长期影响被欺凌者的生活。

影响学习。很多人在一个地方遭遇不幸之后，都会希望逃离这个地方，学生在学校遭受欺凌之后同样如此。他们中的大多数人都会产生逃离校园、远离伤害的想法，有的学生会将之付诸实践，于是逃课现象频发。即使是在父母和老师的监督之下，不得不去学校，由于担心再次遇到欺凌自己的人，再次遭受伤害，他们也很难一直将心思放在学习上。这势必会影响学生的学习，导致他们成绩下降。

过早进入社会，遭受伤害。那些因在学校里遭受侵害而逃离校园的学生，为了防止父母知道自己逃学的事，很多都不敢直接回家，只能选择在街上闲逛或者去网吧度日。在这些鱼龙混杂的地方，青少年由于缺乏安全意识，警惕性也不够，很容易接触到不良信息或者受到不法之人的侵害。更有甚者，由于未成年人出现严重不良行为，构成违反治安管理行为的，由公安机关依法予以治安处罚，因不满十四周岁或者情节特别轻微免予处罚的，可以予以训诫即可，一些不法分子就可能会利用国家对未成年人的保护，教唆他们去做一些违法犯罪之事，带领他们走向罪恶的深渊。

成为下一个实施欺凌者。为了讨好欺凌和暴力行为实施者，有些曾经的被欺凌者会主动倒向欺凌者的阵营，与他们一起寻找更弱势的人，为他们掠夺财物。也有一些受欺凌者耐不住对方的拳打脚踢，被迫跟随他们去做坏事，让自己在无可奈何中变成一个欺凌行为实施者。

反抗造成不可挽回的后果。被欺凌者虽然一般脾气都比较温顺，但也不代表他们不会反抗。在长期遭受不法侵害之后，他们也可能不愿再做任人宰割的羔羊了，那些遭受长时间压抑的学生一旦采取暴力手段予以反抗，很可能会造成不可挽回的后果。

思维大考验

同学们，你在校园里遇到过欺凌或暴力事件吗？当时被欺凌者的具体表现是什么？他们是否做出了反抗？遭受校园欺凌和暴力后，他们变成了什么样子？

3 逆来顺受只会让欺凌变本加厉

引导小课堂

随着年龄的增长，人都会越来越注重隐私，初中生心中有些小秘密不愿意公开是很正常的。受此思想影响，很多人在遭受校园欺凌和暴力后都会将这段经历埋藏在心里，不愿声张。这对那些实施欺凌和暴力行为的人而言，是一种纵容，只会让他们得寸进尺，对被欺凌者实施进一步的欺凌。长此以往，后果严重。为帮助被欺凌者勇敢开口，下面将要剖析的就是他们选择沉默的原因，以便对症下药。

经典小案例

案例一

小山的父母为了将儿子锻炼成一个顶天立地的男子汉，经常让他独自面对很多问题，他们常教育小山说："要做个坚强的好孩子，不要有事没事就回来向家长报告，自己的事情要尽量自己解决。"受此影响，小山觉得自己在外边发生的事情自己处理就好了，没有必要向父母说。

近段时间，初三几个学生知道他有事不会向老师和家长报告后，便要求他每个星期都交出一部分钱来。一开始，小山拒绝了他们，但他的拒绝随之为自己招来了一顿暴打。无力反抗的小山只能答应他们，他每个星期省吃俭用，将大部分零花钱都给了这几个高年级学生。学校里的老师并不知道这件事，小山回到家里也只字不提，他觉得等到这几个人毕业了就不会再找自己了，他们会去别的学校，到时候自己就能脱离苦海，不再受欺了。

案例二

朵朵因为外貌的原因常常受到同学嘲笑。有几个同学看她不顺眼，就一直找她茬，朵朵一次次忍耐，但她的忍耐却成为了这些人得寸进尺的砝码。一次她们将朵朵骗到了户外一个偏僻的地方，对着朵朵指指点点，并要求她高声喊："我是丑八怪！"朵朵每说一次，她们就发出一阵哈哈大笑。

几个人开心地玩闹了一会儿，丢下朵朵就离开了。朵朵回家的时候，天色已经很晚，妈妈看到她身上脏兮兮的就问她是怎么回事，她差点就脱口而出，但又一想："事情都已经过去了，现在说出来，会不会只是让爸爸妈妈担心？他们能帮我很好地处理这件事吗？万一他们对这件事置之不理，只当成是孩子之间的玩闹，或者当那几个欺负我的人知道我告诉了家长，她们会不会在没有人的时候变本加厉地欺负我呢？"想到这里，朵朵还是决定不说出来，看着欲言又止的朵朵，妈妈以为是她自己调皮去了，不敢告诉自己，便批评了她一顿。

从这之后，那几个欺负过朵朵的人见到她后就喊她丑八怪，有时甚至要求她在别人面前承认自己是丑八怪。每次碰到她们，朵朵都会心如刀绞，很伤心，很难过。

讨论与互动

案例一和案例二中的被欺凌者在遭受欺凌之后都选择了忍气吞声，也都将自己陷入了更加困窘的境地。由此可见，如果学生将被欺凌这件事当成是自己的小秘密，那么他们很可能会遭受更大的侵害。既然如此，他们为何不愿说出来呢？青少年之所以不愿意说出来，必定是因为有所顾虑，那么，他们的顾虑又是什么呢？

知识大本营

被欺凌者在遭受他人的欺凌和暴力之后不愿向别人诉说，可能是基于以下原因：

被欺凌者因自尊心较强而不愿向他人诉说。他们可能会觉得自己受他人欺负是一件非常丢人的事，如果说出去，只会引来别人的嘲笑，对自己的尊严有损，而且如果自己受人欺凌的事弄得满城皆知，那么自己在校园里就没法立足了。尤其是男孩子，他们的自尊心本身就比较强，进入初中阶段之后觉得自己已经长大了，就更加不愿意向身边人吐露自己的心声。

被欺凌者因对身边的人缺乏信任而不愿向他人诉说。有些父母比较忙，可能平时对孩子的关注度不够，这就导致孩子在遭受欺凌之后觉得即使自己跟父母说了，父母也没时间管自己；而那些平时父母对自己比较严格的孩子，他们可能会认为父母根本不爱自己，即使跟他们说了他们也不会帮自己解决问题，甚至可能会批评自己；还有的学生会认为自己平时表现过于平庸，老师根本不会注意到自己，如果贸然去找他们，他们会不愿意帮助自己……这种种的不信任，会让遭受欺凌的孩子内心孤立无援，最终导致他们将被欺凌的事深埋心底。

被欺凌者因害怕受到二次伤害而不敢告诉别人。那些欺凌和暴力行为的实施者，为防止自己在坏事败露后受到惩罚，一般都会在欺负完他人之后对被欺凌者进行威胁或警告，比如“如果你敢把今天的事告诉别人，我绝不会放过你”等。因为不知道这些人说的是不是真的，也不知道自己说出去之后他们会不会受到惩罚，万一他们得不到惩罚，说出去不但无济于事，还可能会招致他们的报复，所以才选择沉默。

被欺凌者因认为被欺凌是短暂的经历，忍一忍就会过去而选择沉默。一些受欺凌者会抱有侥幸心理，认为自己这一次被欺负纯属偶然，自己以后不再招惹那些同学，就不会再被他们针对。也有一些同学认为，中学这段时间只有短短几年，那些年级比自己高的学生很快就会毕业，到那时自己被欺负的日子自然会过去。

综上所述，被欺凌者之所以不愿意公开自己受欺凌的事情，主要还是因为自己的自卑和多疑。作为初中生，我们应该相信，父母和老师都是爱我们的，只要我们勇敢说出自己的遭遇，他们一定会帮助我们脱离困境的。

思维大考验

你觉得一位同学受欺凌后，不敢大声说出自己遭遇的原因还可能有哪些？针对这些原因，我们应该怎样劝说他们勇于表达？

4 武装自己，让暴力和欺凌不再发生

引导小课堂

一般情况下，欺凌和暴力行为的实施者并不会盲目选择目标人群。他们在准备实施欺凌和暴力行为之前，肯定也会事先经过一段时间的观察，只有那些各方面都符合条件的人才可能最终变成他们欺凌的对象。那么，为了避免成为下一个被欺凌者，我们应该如何“武装”自己呢？

经典小案例

案例一

婷婷的爸爸长期在外地工作，她平时都跟着妈妈生活。在学校里，婷婷常听同学们说自己的爸爸多么多么厉害，每当这时，她都很伤心，因为她觉得自己一年到头都见不到爸爸的面儿，没有炫耀的资本。为此，婷婷的情绪一直都很低落。她很自卑，不敢和班上的同学说话，特别是当她们谈论起自己爸爸的时候，婷婷只能一个人坐在那里发呆。

班上有两个女生看到婷婷这样，总是嘲笑她。刚开始，她们只是窃窃私语，后来竟来到婷婷的身边，用手指着她开始问她的智力是不是有问题，为何总是在那里发呆，她们还

称婷婷是“傻子”。被嘲弄了一番的婷婷回到家里后，哭着将这件事告诉了妈妈，妈妈耐心地安慰了婷婷，还对她说：“你虽然不能经常见到爸爸，但爸爸还是很关心你的，我们给你的爱并不比别人父母给孩子的爱少。你这样垂头丧气只会引来别人更加肆无忌惮地嘲弄，为什么不尝试着增强一下自信心呢？多交一些朋友，也许你就不会再孤独了。”听了妈妈的话，婷婷觉得很有道理。从此之后，她开始尝试和每位同学微笑、打招呼，慢慢地，她身边的朋友多了起来，她开始觉得自己和其他人也没什么区别。

当以前那两位同学再次找茬嘲笑婷婷时，她的朋友们都在为她申辩，将那两个人反驳得哑口无言，之后，她们也不敢欺负婷婷了。

案例二

文文喜欢交朋友，他觉得“四海之内皆兄弟”，没有什么朋友是不能结交的。一直以来，他都很佩服校园里那些“尚武”的同学，他觉得他们的一言一行都很霸气，于是，他尝试着融入他们，和他们成为朋友。在文文向他们说出自己的意愿之后，他们相互间露出了狡黠的笑容，然后佯装热情地说：“好呀，我们也想和你成为朋友呢！”文文听后，非常高兴，正准备和他们握手，没想到被他们一下拉到身边，边摸口袋边说：“身上带钱了吗？我们饿了，还没有吃饭呢，好朋友就要请吃饭。”顿时，文文反应了过来，原来他们的目的不纯啊！他想挣脱，无奈对方人太多，文文只能任由他们将衣兜摸索一遍，好在他们什么都没有找到。放开文文后，那几个人嘲讽地对文文说：“身上一分钱都没有，还想和我们交朋友，妄想！”说着，就狂揍了文文一拳。临走时，他们还留下了一句话：“要想和我们成为好朋友，就要拿钱来，知道吗？”

讨论与互动

案例一中婷婷最开始因为没有自信心、没有朋友而受到了欺凌，在她努力改变自己之后，既交到了朋友，又避免了被人欺负。案例二中，文文因为在交朋友时没有做出正确的判断而将自身置于险境。可见，学生要想避免遭受校园欺凌和暴力侵害，最主要的还是应从自身下手，努力纠正自己身上存在的不足，在是非面前多思考，以便做出正确选择。

知识大本营

青少年要想免受校园欺凌和暴力的伤害，可以从以下几个方面“武装”自己：

树立自信。缺乏自信，面对问题时选择逃避，经常性的情绪低落……这些消极情绪特别容易吸引欺凌行为实施者。事实也证明，在校园中遭受欺凌和暴力的学生一般以性格懦弱、内向的居多。因此，树立自信，使自己能勇敢、开朗、大方地面对同学们，面对那些想要对自己施以欺凌和暴力的学生，成为预防校园欺凌和暴力的重要途径。然而，自信心并不是天生的，也不是一朝一夕就能获得的，想要树立自信、提升自信，就要不断在日常生活中锻炼自己，比如广泛阅读、提高成绩、积极自我暗示、尝试正视别人等。

广交益友。这包括两个方面，一是多交友，二是交益友。如果一个人性格孤僻、喜欢独来独往，那就会为那些有欺凌和

暴力倾向的学生提供很多可乘之机；如果一个人能够融入到集体生活，能与好友一起集体行动，那将会大大减少受欺凌的可能。同时，朋友又有益友和损友之别，多交那些充满正能量的益友，对我们的学习和生活都有益处，而那些充满负能量的损友，非但不能帮助我们提升自己，还有可能将我们带入歧途。因此，在日常生活中，我们应学会甄别，做好取舍。

远离容易发生校园欺凌和暴力的地方。校园内外比较僻静的地方是欺凌和暴力行为实施者比较喜欢的地点。对此，同学们应加强防范，在这些地方尽量不要长时间逗留。如果在迫不得已的情况下要经过这些地方，最好结伴同行。

提高防范意识，做好预防。凡事预则立不预则废，如果一个人毫无准备，那么他在面对校园欺凌和暴力时，很难及时准确地做出处理。因此，我们在日常生活中应有意识地补充相关知识，比如多了解关于校园欺凌和暴力的法律法规，多学习校规校纪，多参加学校组织的预防校园欺凌和暴力的讲座，掌握一些应对技巧，以防遇到真正的欺凌时找不到应对措施。

如果已经遭受欺凌，为避免此类事件再次发生，就要勇敢地说出来，让家长和老师知道自己当前所处的困境，借助他们的力量，抚平自己内心的伤口，在他们的引导下走出黑暗，拥抱光明。

思维大考验

你身边有好朋友吗？说说他的个性。好朋友的性格容易导致遭受欺凌吗？如果你的朋友遭遇校园欺凌，你会怎么做？如果你遇到校园欺凌，你觉得你的朋友可能会怎么帮你？最后，谈谈你的交友原则。

主题四

校园欺凌和暴力，没有旁观者

校园欺凌和暴力事件中，除了实施欺凌者和被欺凌者外，还有旁观者。旁观者在遇到校园欺凌和暴力事件之后，每个人都有不同的反应，有的人选择挺身而出，有的人选择冷眼旁观，还有些人可能会加入欺凌和暴力行为实施者的阵营。冷眼旁观任由欺凌和暴力行为继续，加入欺凌和暴力行为实施者的阵营，都只会造成事态恶化，很可能产生不可挽回的后果，这些做法不是正确的选择。挺身而出值得赞扬，但前提是确保自身的安全。我们在勇敢对抗欺凌和暴力的时候，应注意技巧，只有掌握正确的方式方法，才能保护自己、保护他人。

1 冷眼旁观是何原因

引导小课堂

在校园生活里，我们很多人可能都没有遭受过欺凌和暴力，但或多或少可能都曾见过或听过。作为旁观者，我们在校园欺凌和暴力事件中并非可有可无的角色，我们的做法在当时、当地是极为重要的，如果因为受侵害的不是自己，就选择置之不理，是一种缺乏责任心与同情心的表现。但是，出于很多原因，我们很多时候对被欺凌者的痛苦选择了视而不见，这是为什么呢？

经典小案例

案例一

某学校管理严格，为随时监控突发事件，避免重大伤害，学校在很多角落都安装了摄像头，但由于厕所和宿舍等地方涉及学生隐私，就没有装摄像头。

小山平时总爱欺负别人，之前也因为常常欺负他人而多次受到校方的批评教育。最近，小山得知学校的厕所没有安装摄像头，于是，他就在下课或放学的时候守在那里向同学们要钱。学校里的一些男生都很怕他，只能拿出自己的零花钱给他。有一次，彤彤正要去厕所时，小山对他说："我看你还挺顺眼的，适合做我的小弟，就不和你收钱了，但要站在一边跟我学习。”彤彤虽然不是很愿意，但也不敢反抗，只能站在一旁。看着小山欺负那些可怜的同学，彤彤的同情心泛滥，他想将这件事告诉老师，这样的话，同学们就不用受小山欺负了，自己也不用这么痛苦了。决定之后，彤彤悄悄地将这件事告诉了老师，后来，小山受到了严厉批评，并在老师的要求下将自己从同学那里勒索来的钱和物品都还给了大家。从此以后，学校的厕所里再没有发生过欺凌事件。

案例二

秦月和小敏从小学到初中都是好朋友。现在，他们在同一所学校，但在不同的班级。小敏平时说话口无遮拦，稍不留神，就会得罪周围的同学。秦月早已习惯了她的说话方式，但有的时候，面对小敏的某些言语，她多少也会有些不舒服。

周五大扫除，她们都在各自的班级里打扫卫生。这时，秦月正在擦玻璃，小敏班级有位同学气喘吁吁地跑过来和她说，小敏正在被人欺负。秦月赶忙跟着这位同学来到了小敏班级。只见有几个高年级的学生正围着小敏，不停地推搡着她。秦月过来问她们是怎么回事，她们其中的一个人说：“怎么？你要管闲事吗？刚刚我们经过这里的时候，她说我们是这个学校里的奇葩，我们想给她点教训，怎么了？”听她们这么说，秦月当时就在想：“她们这么多人，我也打不过，说不定自己也要挨揍，况且小敏平时那么任性，让她们教训她一下也好。”

之后，秦月说：“你们就该管管她，我不参与。”说完，她离开了。

讨论与互动

案例一中的旁观者虽然内心曾有过挣扎，但最终同情心还是战胜了自保心理，他机智地帮大家摆脱了被欺凌的境地；案例二中的旁观者考虑到自己与对方的实力悬殊，同时也感到朋友任性可以让别人教训一下，选择了视而不见，看似没有参与欺凌事件，但在一定程度上纵容了欺凌行为实施者。从他们内心的挣扎可以看出，旁观者在校园欺凌事件中虽非直接当事人，但也承受着巨大的压力，那么，他们有哪些方面的压力呢？

知识大本营

迫使青少年在面对校园欺凌和暴力时选择冷眼旁观的原因有很多，一般而言，主要有以下几点：

自我保护的需要。每个青少年都有自我保护意识，那些喜欢欺凌他人的人，一般占据着人高马大或是人多势众的优势。在这种情况下，青少年因担心连累到自己而选择老老实实地做个局外人也是情有可原的，毕竟盲目的勇敢非但不能解决问题，有时候还可能给自己造成安全隐患。

害怕事后被报复。校园欺凌和暴力行为并非偶然，很多时候因为缺乏强有力的约束手段，即使家长与老师在事后对实施欺凌的学生提出了批评教育，也很难达到彻底制止其欺凌行为的功效，这就使得校园欺凌和暴力在一定程度上具有反复性。出于这个原因，旁观者担心一旦实施欺凌的学生得不到惩罚，反而届时报复自己，这对自己而言有百害而无一利。

茫然无措，不知如何行动。有些学生在面临突发事件时，因为缺乏相关知识，一时之间很难想出合适的应对之策，尤其是在面临欺凌和暴力事件时，虽然他们会怜悯弱者，但因为平时没有接触过相关训练，不知道该如何应对比自己强大的人，只能任由欺凌和暴力行为继续。

对被欺凌者存在偏见。被欺凌者在此次欺凌和暴力事件中虽是受害者，但他之前可能确实存在过某些不当言行。因为过去的错误而导致自己不受同学欢迎的人在遭受校园欺凌和暴力伤害时，旁观者往往会认为：被欺凌者就应该受到这样的惩罚，也好长记性，避免今后犯错。出于这种考虑，旁观者是不会去维护被欺凌者的，他们最可能做的就是站在一旁围观整个欺凌过程。更有甚者，可能还会有人在一旁对被欺凌者嘲笑讥讽，或向欺凌行为实施者煽风点火。

对欺凌行为实施者的保护。人性是复杂的，并非所有的校园欺凌和暴力行为实施者都没有朋友，有些同学在日常生活中，可能与他们相处很融洽。因为担心失去这个朋友，或者因为担心这个朋友遭受老师批评和学校处分，有些旁观者选择沉默，甚至对实施欺凌的朋友加以袒护。

责任扩散效应，都认为别人会去施救。很多时候，在发生校园欺凌和暴力时，会有很多人围在周围看热闹，这些围观者可能都会想：周围还有这么多人，应该会有人出面帮忙解决吧，我还是不出手好了。这就使得旁观者个体帮助别人的责任被分摊到旁观的每一个人，大家相互推脱，都在等待他人帮助，从而形成了一种全体袖手旁观的局面。

思维大考验

同学们，请谈一谈你对旁观者这种角色的看法。如果有一天，有位同学正在遭受欺凌，这时只有你在场，你要怎么做？如果还有很多人在旁边一起围观，你会怎么做？

2 下一个被欺凌者也许就是你

引导小课堂

出于各种原因，很多青少年在面临校园欺凌和暴力事件时往往会选择冷眼旁观，他们认为事不关己，不必为自己招惹麻烦，然而他们并不知道自己的冷眼旁观只会助长欺凌和暴力行为实施者的嚣张气焰，如果不对实施欺凌的人加以约束，下一个遭受欺凌和暴力伤害的很可能就是他们自己。

经典小案例

案例

某天，小蒋想要从网上查一些关于语文诗歌鉴赏的资料，但这天学校停电一天。于是，他想到了学校附近的网吧，放学后，小蒋叫上好朋友

小梁一起去了网吧。来到网吧，他们看到不远处坐着几个和他们同一班级的同学，他们正在打游戏。那几个人中有人看到了小蒋，就过来和他说："嗨，和我们一起打游戏吧！"小蒋回答道："不好意思，我要查资料，查过资料马上就要回家了。""什么？你来网吧就是查资料的吗？哈哈……"这位同学说着就嘲笑起小蒋。他还返回去对那几个正玩游戏的人说了，他们走到小蒋的面前说："和我们玩游戏吗？不玩的话，你今天肯定是查不了资料的，不信你就试试。"

小蒋不想理他们，站起来正要走，这几位同学不达目的誓不罢休，把小蒋按在了椅子上，让他看着他们玩。整个过程中，小梁动都不敢动一下，因为他怕那几个人也这样对他，怕自己的某个行为会触怒了这几个人。小梁的懦弱并没有换来那几个人的仁慈，他们看着吓得瑟瑟发抖的小梁，发出一阵阵嘲笑："他怎么跟个女人一样，哈哈哈……"

讨论与互动

案例中的小梁因为担心自己陷入麻烦，无视自己的伙伴被欺凌的事实，以为这样自己就能逃过伤害。然而，最终他却因自己的懦弱遭受了同样甚至更为严重的语言欺凌。可见，在遇到校园欺凌和暴力事件时，冷眼旁观并不能使自己免受伤害。

知识大本营

在校园欺凌和暴力事件中，围观者如果选择了袖手旁观，仿佛真的可以置身事外，不会受到伤害。实际不然，旁观者的冷漠在伤害到被欺凌者的同时，可能也会使自己受伤，比如：

遭受意外身体伤害。欺凌行为实施者在采用暴力对被欺凌者进行伤害时，如果被欺凌者予以反抗，矛盾很容易激化。如果发展为斗殴事件，双方情绪激动之下很可能将影响扩大，普通围观者遭受意外伤害的可能大大增加。

被欺凌行为实施者警告、报复，甚至成为下一个被欺凌者。如果在他人遭受欺凌和暴力时，有人在旁围观，欺凌行为实施者因担心围观者向老师等人告发，一般都会对围观者作出警告，如果围观者不服从，很可能会成为下一个被欺凌者。即使欺凌行为实施者当场不做表示，围观者在目睹了被欺凌者毫无反抗、任由别人欺凌的过程之后，可能潜意识里会认为强者攻击弱者、弱者被人欺负是一种司空见惯的事，不必加以反抗，默默忍受就好。如果产生这种心理，那么当校园欺凌真正发生在他们的身上时，他们还击的动力会大大减弱，最终很可能只会选择被动承受。

心理伤害，内心煎熬。一方面，亲眼目睹欺凌会对旁观者的学习和生活带来不同程度的影响，他们可能会因担心自己遭受同样的伤害而陷入焦躁不安的情绪之中；另一方面，如果因为自己当时没有出手帮助被欺凌者且被欺凌者遭受了伤害，那么，旁观者在以后的日子里可能会时常自责，后悔自己当时没能及时提供帮助。

受到被欺凌者疏远，失去这个朋友。如果正在被欺凌的人是

我们的朋友，但我们为了自保而选择忽视他正在遭受的伤害，那他以后对我们在此时此刻的无动于衷肯定会心存芥蒂。两个已产生隔阂的人，将很难再做好朋友，我们很可能会就此失去一段美好的友谊。

学会欺凌和暴力，成为下一个欺凌和暴力行为实施者。“与善人居，如入芝兰之室，久而不闻其香，即与之化矣；与不善人居，如入鲍鱼之肆，久而不闻其臭，亦与之化矣。”如果一个人频繁见到别人用欺凌和暴力手段迅速解决问题，那他很可能会在不知不觉中产生同样的想法。在日后一旦遇到不合自己心意的人或事情，很可能会激发内心的欺凌和暴力倾向，从而采取过激手段，伤害比自己弱小的同学。

由上可知，校园欺凌和暴力对旁观者的影响不亚于被欺凌者。因此，如果再次遇到校园欺凌和暴力，请不要冷眼旁观，伸出援手，挽救的可能不只是被欺凌者，同样是我们自己。

思维大考验

你觉得在校园欺凌和暴力事件中，冷眼旁观者可能还会受到哪些伤害？你觉得我们怎样做才能免受这些伤害？

3 巧用智慧化解欺凌和暴力

引导小课堂

如果亲眼目睹了校园欺凌和暴力，作为这一事件的旁观者，我们应该摆正自己的态度，积极用实际行动化解同学之间的矛盾，阻止校园欺凌和暴力。这样不仅可以帮助欺凌行为实施者走出用欺凌和暴力解决问题的误区，让他们学会友爱和善，还可以帮助被欺凌者免受或少受身心伤害。当然，旁观者在对校园欺凌和暴力说“不”时，也应懂得保护自身安全。

经典小案例

案例

菲菲正在图书馆看书，突然听到外面传来了吵闹声，嘈杂的声音使她无法再安心读书，于是，她走到图书馆的窗户前往外望去。只见一名身材矮小的同学被几名同学围在一个拐角处，完全没有逃脱的机会，也毫无还手之力，只是默默地忍受着殴打。

当时，在他们的周围还围了很多同学。菲菲看到他们都在交头接耳，似乎在讨论着什么，可就是没有一个人伸出援手去帮助这位同学。菲菲想：“不管这位同学犯了什么错，他们都不应该这么对他。”她觉得自己应该去阻止他们，可是光凭自己的力量是解决不了问题的，如果自己盲目过去，很有可能也会成为他们攻击的对象。所以，现在最好的办法是去找老师，让老师来解决这件事。于是，她毫不犹豫地向图书馆管理员老师的办公室走去。图书馆管理员老师紧急出面，制止了这场欺凌事件，并对实施欺凌的学生进行了批评教育，确定那位受到欺凌的学生安全之后，菲菲长舒了一口气，继续看起了书。

讨论与互动

在校园里，欺凌和暴力行为一般都是在成人不在场的情况下实施的。这个时候，旁观者作为欺凌现场的第一发现人，如果对整件事不做任何反应，很可能会造成欺凌和暴力事件进一步恶化。因此，在亲眼目睹欺凌和暴力事件后，我们一定要巧用智慧，化解欺凌和暴力。

知识大本营

切勿参与欺凌和暴力事件。作为旁观者，在目睹欺凌和暴力行为时，首先应明白被欺凌者此时正在被侵犯侮辱，我们应该对他们抱以同情，即使他们现在的样子非常狼狈、滑稽，我们也不能对他们进行讥笑嘲讽，否则我们与欺凌行为实施者无异。此外，当欺凌行为实施者邀请我们加入他们的阵营时，要坚决说不，不论我们平时与他们多么熟悉、多么友好。

及时制止欺凌和暴力事件。如果旁观者人数较多，可以通过和其他旁观者沟通，共同给予被欺凌者支持。众人拾柴火焰高，欺凌行为实施者在大家的压力下必定会对自己的行为有所收敛。但是如果旁观者是孤身一人，切不可莽撞，可以巧用小计谋，比如躲在不被欺凌行为实施者注意的角落，大喊一声“老师好”或“警察叔叔，这里有人打架”，制造出有成年人在场的假象，这对欺凌行为实施者而言，也是一种震慑。

及时向成年人寻求帮助。虽然我们应该尽自己所能帮助被欺凌者，但我们的力量毕竟有限，如果行为不当，不但没法帮助他们，甚至还可能将我们自己卷入其中。因此，在面对欺凌和暴力事件时，如果我们没有很好的解决方案，切莫盲目出头，一定要在第一时间将事情反映给老师或家长，必要时可以报警。

思维大考验

一名初中生学过散打，很喜欢去帮助别人。一次，他经过学校角落时看到一群学生在欺负一个学生，他想：“被欺负的那位同学，好可怜，我要过去帮帮他，那几个人我自己就能搞定。”

同学们，你们觉得这名喜欢帮助他人的同学的想法是否正确？换做是你，你会怎么做？

主题五

反对欺凌和暴力，整个社会在行动

反对校园欺凌和暴力不只是初中生的事，它还与家庭、学校和社会有着紧密的关系。初中生遭遇校园欺凌和暴力后，应该及时和家长沟通、与老师交流，在日常生活中，也应该积极学习防治校园欺凌的相关法律法规，学会运用法律武器来维护自己的权益。同时，为了进一步杜绝身边的校园欺凌和暴力事件，我们可以积极地进行相关知识的宣传推广，号召其他同学、家庭、学校和社会支持正义，引发更多对校园欺凌和暴力的关注，通过一致反对校园欺凌和暴力，维护青少年的人身权益，保护青少年身心的健康发展。

1 拒绝校园欺凌和暴力，法律法规有规定

引导小课堂

校园欺凌和暴力事件严重威胁着未成年人的身心健康，对此，国家相关部门制定了相应的法律法规，以保护未成年人的合法权益。所以，当我们遇到欺凌和暴力事件时，不要害怕，要学会运用法律武器维护自己的权益，要勇敢地向校园欺凌和暴力说“不”！

经典小案例

案例

小丁是某校初三学生，因嫉妒同班级的敏敏学习成绩好就经常故意找她茬。敏敏也不是那么好欺负的，面对小丁的挑衅，她也会毫不留情地进行反击。小丁常常在言语上吃亏，于是便心生怨恨。某天放学时，小丁喊来了自己的好朋友，对敏敏实施殴打，弄得敏敏遍体鳞伤。这群人解气之后就离开了，但敏敏非常清楚，小丁带着这几名同学对自己实施的暴力殴打属于校园欺凌，她首先想到的是将此事告知父母和老师。父母和老师见敏敏受伤严重，一起带她先到

医院进行了检查，然后他们决定报警。警方对这一事件非常重视，当地有些媒体在听说之后也对此事件进行了报道，这为小丁等人带来了强大的舆论压力。最终，警方根据相关法律法规，对小丁等人进行了相应的处罚。

讨论与互动

案例中的小丁等人因欺凌其他同学，受到了相关的法律惩处。这表明实施严重校园欺凌的未成年人，也会付出相应的法律代价，并不能逃避法律的制裁。这对欺凌行为实施者和被欺凌者来说，都具有重要的警示意义，它告诫欺凌行为实施者不可再抱有侥幸心理，未成年并不能成为自己的挡箭牌，同时又教育被欺凌者必要时一定要积极运用法律武器，维护好自己的合法权益。

知识大本营

过去，很多人习惯于把校园欺凌和学生之间开玩笑、闹矛盾等混为一谈，拿未成年人当挡箭牌，大事化小小事化了。然而，这种和稀泥的态度和姑息迁就的心理只会让校园欺凌现象愈演愈烈。面对各地校园欺凌和暴力频频发生的现象，我国的法律法规和相关文件也在不断完善中。比如：

《中华人民共和国预防未成年人犯罪法》

第十四条　未成年人的父母或者其他监护人和学校应当教育未成年人不得有下列不良行为：

（一）旷课、夜不归宿；

（二）携带管制刀具；

（三）打架斗殴、辱骂他人；

（四）强行向他人索要财物；

（五）偷窃、故意毁坏财物；

（六）参与赌博或者变相赌博；

（七）观看、收听色情、淫秽的音像制品、读物等；

（八）进入法律、法规规定未成年人不适宜进入的营业性歌舞厅等场所；

（九）其他严重违背社会公德的不良行为。

第三十四条　本法所称“严重不良行为”，是指下列严重危害社会，尚不够刑事处罚的违法行为：

（一）纠集他人结伙滋事，扰乱治安；

（二）携带管制刀具，屡教不改；

（三）多次拦截殴打他人或者强行索要他人财物；

（四）传播淫秽的读物或者音像制品等；

（五）进行淫乱或者色情、卖淫活动；

（六）多次偷窃；

（七）参与赌博，屡教不改；

（八）吸食、注射毒品；

（九）其他严重危害社会的行为。

第三十五条　对未成年人实施本法规定的严重不良行为的，应当及时予以制止。

对有本法规定严重不良行为的未成年人，其父母或者其他监护人和学校应当相互配合，采取措施严加管教，也可以送工读学校进行矫治和接受教育。

对未成年人送工读学校进行矫治和接受教育，应当由其父母或者其他监护人，或者原所在学校提出申请，经教育行政部门批准。

《最高人民法院关于审理人身损害赔偿案件适用法律若干问题的解释》

第七条　对未成年人依法负有教育、管理、保护义务的学校、幼儿园或者其他教育机构，未尽职责范围内的相关义务致使未成年人遭受人身损害，或者未成年人致他人人身损害的，应当承担与其过错相应的赔偿责任。

第三人侵权致未成年人遭受人身损害的，应当承担赔偿责任。学校、幼儿园等教育机构有过错的，应当承担相应的补充赔偿责任。

《教育部等九部门关于防治中小学生欺凌和暴力的指导意见》

强化教育惩戒威慑作用。对实施欺凌和暴力的中小学生必须依法依规采取适当的矫治措施予以教育惩戒，既做到真情关爱、真诚帮助，力促学生内心感化、行为转化，又充分发挥教育惩戒措施的威慑作用。对实施欺凌和暴力的学生，学校和家长要进行严肃的批评教育和警示谈话，情节较重的，公安机关应参与警示教育。对屡教不改、多次实施欺凌和暴力的学生，应登记在案并将其表现记入学生综合素质评价，必要时转入专门学校就读。对构成违法犯罪的学生，根据《刑法》、《治安管理处罚法》、《预防未成年人犯罪法》等法律法规予以处置，区别不同情况，责令家长或者监护人严加管教，必要时可由政府收容教养，或者给予相应的行政、刑事处罚，特别是对犯罪性质和情节恶劣、手段残忍、后果严重的，必须坚决依法惩处。

思维大考验

同学们，你还了解其他关于校园欺凌和暴力的法律法规吗？收集相关资料并和身边的同学进行讨论，假设你遇到了校园欺凌和暴力，你会怎样运用法律法规维护自身的权益。

2 家长、教师和学校是我们坚强的后盾

引导小课堂

父母、教师、学校是中学生成长过程中的保护伞，是使我们免受欺凌和暴力伤害的有力保障。每个学生都有可能成为校园欺凌的对象，在遇到校园欺凌和暴力时，我们应该大胆地告诉家长、教师，并勇敢地向学校反映，保护自己不再受伤害。

经典小案例

案例

小陈喜欢打篮球，课外时间经常约同学到篮球场锻炼。最近一段时间，因为学校快要举行篮球比赛了，很多班级的学生都会在课外时间去篮球场训练。

有一天，小陈他们吃完晚饭到篮球场的时

候，球场已经被隔壁班的同学抢占了，小陈他们只能等在旁边。因为之前在球场上和隔壁班同学有些摩擦，所以两个班篮球队的人互相看不惯很久了，按照之前的惯例，大家都是每个组打一个小时就下场休息，换另一组同学来练。但是这一次，隔壁班的同学们却一直不休息，小陈他们等得不耐烦，便抱怨了几句。这几句抱怨被球场上隔壁班的同学听个正着。听到小陈的话之后，那位脾气最暴躁的隔壁班同学来到他的身边，不停地推搡着小陈。小陈开始还想和他讲道理，但没想到他接着就给了小陈一拳，还说不把小陈打出血誓不罢休。小陈觉得和他讲理没用，于是就和他扭打在了一起。之后，两人被同学们拉开了。

本来以为事情就这样结束了，没想到周末回家的时候，小陈在自己家见到了那位同学和他的父母。小陈爸爸看到小陈回来，先是沉默，然后就和那位同学的父母说："我们不能只听你们的一面之词，我也想听听小陈怎么说。如果真的是他做错了，我会要求他跟你们道歉的。"小陈便一五一十地将详情说了出来。小陈父母听完，耐心地和那位同学的父母说："这样看来，这应该是一场误会。不过，因为两个孩子说法不一致，我们要不要去问一下当天参与这件事的其他孩子，或者去学校调一下监控呢？"听到小陈父母要去调监控，那位同学支支吾吾不再说话，只能拉着父母灰溜溜地离开了。

讨论与互动

案例中小陈相信自己的父母，愿意将事情发生的经过一五一十地告诉父母，父母虽然也相信自己的孩子，但也不愿错怪别人，遇到问题首先想到的是寻找事实真相。而另一位同学家则是孩子利用父母对自己的关心，编造事实，试图请父母帮自己讨回“公道”，父母没有充分了解实情，全然相信自己的孩子。两相比较之下，小陈与父母的处理方式更为妥当。

知识大本营

父母是孩子的第一任老师，即使是到了中学时代，我们也离不开父母的保护。一般情况下，父母处理起问题来都会比我们更理智、更有技巧，应对校园欺凌和暴力事件也是如此。只要我们愿意敞开心扉，把事实真相告诉父母，相信他们一定愿意认真倾听我们的诉说，与我们一起面对问题、解决问题。当然，在对父母倾诉的时候，我们也应注意分寸，不可利用他们对我们的爱，随意撒谎，因为万一他们听信了我们的不实之词，认为我们受了很大的委屈而冲动地到对方家中为我们“讨公道”，那么谎言被戳穿后，我们可能会失去父母的信任。如果“狼来了”的故事上演的太多，最终受伤害的还是我们自己。

老师是学生在校园里最亲近的人，如果我们在校园里遭遇了欺凌和暴力，要想得到第一时间的救援，寻求老师的帮助是最明智的选择。如果我们正在遭受欺凌和暴力，无法挣脱对方的威胁，

可以暗示身边的同学或直接向他们呼救，请他们及时报告老师，这样既可以帮助我们摆脱欺凌和暴力，又方便抓住正在实施欺凌行为的学生，以防其事后狡辩，推卸责任。在遭受欺凌和暴力行为后，我们也可以找个合适的时间跟老师谈心，向他们倾吐一下内心的苦闷，以寻求他们的帮助。

家长和老师的力量虽然在短时间内能够帮我们脱离困境，但这毕竟只是暂时的，不能形成长效机制。为了防止其他同学在今后遭受同样的伤害，我们有义务帮助学校建立完善的预防机制，调动整个校园的积极力量，让全校师生都对校园欺凌和暴力问题重视起来，彻底消除欺凌行为实施者的嚣张气焰。现在，很多中学都非常重视校园欺凌和暴力事件，并且已制定相关的管理制度，防止校园欺凌和暴力事件再次发生，部分学校还制定了长期的安全计划和预防策略，以构建“无校园欺凌”的美好环境。所以，如果我们不幸遭遇了欺凌和暴力，一定要大胆地说出来，并积极配合学校完成调查，以维护自身的权益。

思维大考验

除了家长、老师和学校，你觉得还有哪些力量能够帮助我们远离校园欺凌和暴力？如果以后受到欺凌，你打算怎么做？

3 反校园欺凌和暴力宣传，人人有责

引导小课堂

学习了什么是校园欺凌、为什么会发生校园欺凌、校园欺凌的类型、校园欺凌的性质以及相关法律责任等问题后，为了进一步避免校园欺凌和暴力行为的发生，我们要积极进行宣传，让身边的每个人都知道校园欺凌和暴力的危害，让每个人都懂得去抵制校园欺凌和暴力，营造美好的校园环境。

经典小案例

案例一

张建是某中学的一名初三学生，他的学习成绩优异，非常受老师和同学们喜欢。最近，他从网络上看到了一系列关于欺凌的相关报道，上面的图片和视频让他心生悲痛。这时，联想到自己的学校偶尔也会有欺凌事件发生，他便通过宣传带领大家认识欺凌和暴力的危害，让同学们都学会如何去反对校园欺凌和暴力。

为了让校园里所有的学生都意识到欺凌和暴力的危害，他在和老师沟通后，决定将这周的板报主题定为“远离欺凌、暴力，营造和谐校园”，没想到这次板报的主题调动了很多学生的积极性，大家纷纷为这次的主题查找资料、设计图片、分享感受。张建和同学们完成板报后，来来往往的同学都会停下来观看。

案例二

某初中学校要在下周举行“反对校园欺凌和暴力”的宣传活动。王某曾是被欺凌者，一开始，他被欺凌的时候，非常害怕，不敢告诉任何人，后来在好朋友的帮助下，他终于勇敢地将这件事告诉了家长和老师，并积极配合学校惩治了欺凌行为实施者。这次，学校举行“反对欺凌和暴力”宣传活动，他踊跃参加，还说有义务配合学校完成准备工作。为此，他认真准备了一份演讲稿，结合自己的实际经验讲了自己的心得。他坚信，通过自己的努力，一定能让所有人都深刻地认识到校园欺凌和暴力的危害。

讨论与互动

初中生针对校园欺凌和暴力展开积极宣传的主要目的是吸引其他学生关注，让他们认识到校园欺凌和暴力可能给自己、家庭、学校乃至社会带来的危害，引起大家的共鸣，集合包括学生、教师、学校、社会等众多力量，共同参与到反对校园欺凌和暴力的行动中。

知识大本营

我们可以通过以下形式对反校园欺凌和暴力展开宣传。

黑板报。黑板报的主题要醒目，引人入胜，可以介绍欺凌者和被欺凌者自身的特点和心理特点，并列举被欺凌者受到欺负时的正确做法。

手抄报。学生可以通过查阅资料，再结合实际情况，充分发挥自己的想象力，制作一些关于校园欺凌和暴力的漫画，张贴在各个班级或者校园的公告栏，以增强同学们对校园欺凌和暴力的认知，促使他们自觉地远离校园欺凌和暴力。

电子屏、标语。学生可以通过与老师和学校领导沟通，定期举行反校园欺凌和暴力宣传活动。在宣传期间，自己可以想一些关于活动主题的宣传语，制作成标语悬挂在教学楼入口处，或者在电子屏上进行滚动展示，文字内容可以是“远离欺凌戾气，杜绝校园暴力”、“走向文明，与校园欺凌说‘不’”、“反校园欺凌、暴力，让安全常伴左右”等。简简单单的一句话，通俗易懂，这也是提高宣传效果的有效方式。

倡议书。学生可以通过发起倡议书的形式向学校、家庭和社会宣传校园欺凌和暴力的危害，呼吁多方力量对学生展开保护。倡议书可以从多个角度入手，比如呼吁学生树立正确的道德观和法治观，凡事从小做起，从自我做起，遇到校园欺凌和暴力，一定要勇敢地拿起法律武器来保护自己；呼吁家长、教师、学校和社会对校园欺凌和暴力予以高度重视，对欺凌者加大惩处力度。

组织宣传教育活动，如配合老师组织班会。以反对校园欺凌和暴力为主题，认真准备一份演讲稿，向大家传递与校园欺凌和暴力相关的知识，也可以邀请相关专家，为大家做一场关于校园欺凌和暴力防治的专题讲座。同时，为了加深大家对校园欺凌和暴力危害的认识，同学们可以自发组织一些节目表演，排练一些小品剧目，在游戏中快乐学习。

另外，还可以通过学校的校园网、宣传栏和广播等向同学们进行反欺凌和暴力的宣传活动。

思维大考验

同学们，你们的校园里有哪些形式的反校园欺凌和暴力的宣传活动呢？你认为反校园欺凌和暴力的宣传活动还可以通过什么样的形式开展？谈谈你的看法。